Das ultimative
STUDENTEN
KOCHBUCH

Andrea VERLAGGMBH

Impressum

Redaktion und Layout
Andrea VerlagsGmbH
www.andrea-verlag.de

Fotos
Dr. Peter Albrecht,
Titelbild und S.13, 19, 21, 37, 73,: Andrea VerlagsGmbH

Rezepte
Ingrid Jettenberger

Texte
Andrea VerlagsGmbH

Wir danken allen am Zusammentragen des Inhaltes beteiligten Personen.

Druck
Jettenberger, Internationale Druckagentur, Königsbrunn

ISBN: 978-3-86405-043-5

Inhaltsverzeichnis

Gut zu wissen!

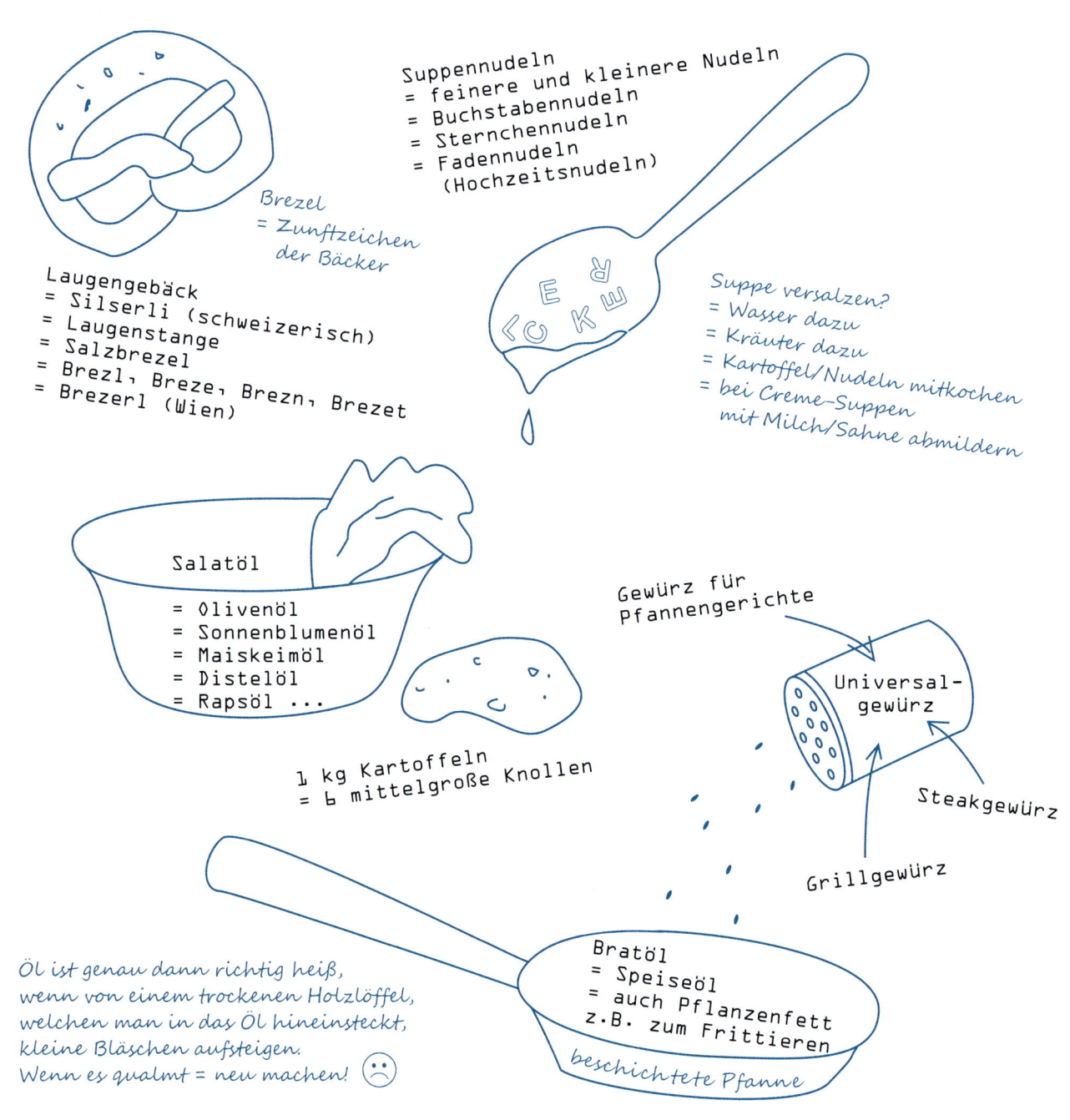

Brezel
= Zunftzeichen
der Bäcker

Suppennudeln
= feinere und kleinere Nudeln
= Buchstabennudeln
= Sternchennudeln
= Fadennudeln
(Hochzeitsnudeln)

Laugengebäck
= Silserli (schweizerisch)
= Laugenstange
= Salzbrezel
= Brezl, Breze, Brezn, Brezet
= Brezerl (Wien)

Suppe versalzen?
= Wasser dazu
= Kräuter dazu
= Kartoffel/Nudeln mitkochen
= bei Creme-Suppen
mit Milch/Sahne abmildern

Salatöl

= Olivenöl
= Sonnenblumenöl
= Maiskeimöl
= Distelöl
= Rapsöl ...

Gewürz für
Pfannengerichte

Universal-
gewürz

Steakgewürz

1 kg Kartoffeln
= 6 mittelgroße Knollen

Grillgewürz

Öl ist genau dann richtig heiß,
wenn von einem trockenen Holzlöffel,
welchen man in das Öl hineinsteckt,
kleine Bläschen aufsteigen.
Wenn es qualmt = neu machen! ☹

Bratöl
= Speiseöl
= auch Pflanzenfett
z.B. zum Frittieren

beschichtete Pfanne

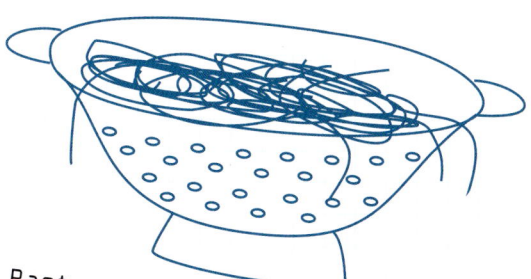

Feta
= griech. Schafskäse in Salzlake gereift
= auch mit Ziegenmilch möglich
= aus Kuhmilch:
  Kein echter Feta!

Mähhhhh

Pasta al dente
= bissfest - der Kern der Pasta
  ist noch nicht ganz weich
= sprudelnd in Salzwasser kochen
  und anschließend kurz mit kaltem Wasser
  im Sieb abbrausen, das beendet
  den Garvorgang punktgenau!

Unsere Abkürzungen:
El   = Esslöffel
Teel = Teelöffel
g   = Gramm
kg   = Kilogramm
Pckg = Packung
TK   = Tiefkühl-Produkt
Min. = Minute/n

Haltbarkeit von TK-Produkten:
Fisch   bis 4 Monate
Fleisch   bis 6 Monate
Küchenkräuter bis 10 Monate
Brot   bis 3 Monate
Käse   bis 6 Monate
Obst & Gemüse bis 12 Monate

Umrechnung

1 Tasse
= 8 El
= 125 ml
= 100 g Zucker
= 80 g Mehl
= 120 g Reis

1 El
= 1 gestrichener Esslöffel
= 3 gestrichene Teel
= 15 ml
= 14 g Zucker
= 12 g Mehl
= 15 g Reis
= 15 g Salz

1 Teel
= 1 gestrichener Teelöffel
= 5 ml
= 5 g Zucker
= 4 g Mehl
= 5 g Salz

1 Liter   = 8 Tassen
1/2 l   = 4 Tassen
1/4 l   = 2 Tassen
1/4 l   = 16 El

Schweizer Wurstsalat

- reicht für 2 Portionen

- ist in einer halben Stunde fertig

- einige Tage abgedeckt im Kühlschrank haltbar

Für den Salat:

250 g Lyoner am Stück - *Schinkenfleischwurst*
200 g Emmentaler am Stück
1 Zwiebel - *Schalotten sind milder*
4 Gewürzgurken - *Cornichons sind knackiger*
4-8 Radieschen

Marinade: 1 El Essig, 4 El Öl, 2 El Wasser,
          schwarzer Pfeffer, Salz, 1 Prise Zucker

Zubereitung:

1. Die Haut von der Lyoner entfernen.
2. Die Wurst in dünne Scheiben schneiden und halbieren oder vierteln.
3. Die Marinade verrühren und ziehen lassen.
4. Den Käse und die Gewürzgurken fein würfeln.
5. Die Radieschen waschen, die Enden abschneiden und
   die Radieschen in dünne Scheiben schneiden.
6. Die Zwiebeln in sehr feine Ringe oder noch feiner in Würfel schneiden
   (Wenn man 2-3 Tropfen Öl in die Zwiebeln einarbeitet,
   sind sie nicht so scharf.)
7. Käse, Radieschenscheiben und Zwiebeln zur Wurst geben und gut durchrühren.
8. Zum Schluss die Marinade noch einmal verquirlen und
   gleichmäßig unter den Salat heben.
9. Den Salat abgedeckt kühl ca. 20 Min. ziehen lassen.

Das passt unbedingt dazu:
Frisches Laugengebäck
und ein frisches Bier
- oder ein Biermix!

*Gibt's wegen Bier und Zwiebel mecker,
war die Brotzeit wieder lecker!*

Salat
7

Obstsalat

- für 2 Portionen

- ist in einer halben Stunde fertig

- sollte immer frisch zubereitet
  und gleich verzehrt werden

*Kein geschnittenes Obst übrig lassen –
besser zu einem Smoothie verarbeiten
(alles Obst pürieren) oder
mit Honig und Molke verdünnt zu
einem Powerdrink mixen.*

Zutaten:

1 Banane
eine Handvoll Weintrauben
1 Kiwi
1 Apfel
Zitronensaft
Je nach Verfügbarkeit: Frische Ananas, Erdbeeren, Aprikosen, Mango oder auch
saftige Pflaumen oder Birnen dazugeben.
Damit wird es saftiger: Etwas Orangen- oder Mangosaft hineingießen.
Noch was zum Knabbern: Nüsse oder Rosinen dazugeben.
Der kleine Schuss: Mit Rum, Cognac oder Aprikosenlikör verfeinern.

So kann man das machen:

1. Die Banane und die Kiwi schälen, das andere Obst waschen und abtrocknen.
2. Alles Obst in kleine, mundgerechte Würfel schneiden und zwischendurch
   mit ein paar Tropfen Zitronensaft beträufeln.
   (Das verhindert, dass das Obst braun wird.)
3. 1 Prise Zucker dazugeben (das löst den Fruchtzucker).
4. Alles gleichmäßig untereinander heben und kühl ziehen lassen.

Variante:
Mit Eis – vanillig, schokoladig oder fruchtig – servieren.

Zum Schlemmen:
Mit einer dicken Haube Schlagsahne abdecken.

Für Supernaschkatzen:
1. Eine halbe Tafel Schokolade im Wasserbad schmelzen:
   Die Schokolade in einen kleinen Topf geben und
   diesen in einen, mit leicht kochendem Wasser
   gefüllten, größeren Topf hängen.
2. Ganze Beeren oder Obststücke in die Schokolade
   tauchen und auf einem Gitterrost abkühlen lassen.
   (Den Gitterrost auf ein Backblech legen wegen
   der Kleckerei.)

Thunfisch-Nudelsalat

- reicht für 4 Portionen (picknicktauglich)

- ist in 20 Minuten zusammengerührt

- ist bis morgen abgedeckt im Kühlschrank
  noch frisch

Du nimmst:

125 g Farfalle
1 Dose Thunfisch in Öl
1 kleine grüne Paprikaschote
  oder eine Dose Mexikanischer Gemüsemix
1 kleine Zwiebel
3 Tomaten
Salz

Für den Dip:

1 Glas Salatcreme (250ml)
Salz, Pfeffer, 1 Prise Zucker
2 El Schaschliksauce
1 Teel Paprikapulver, edelsüß
1/2 Bund Schnittlauch

Ein Polizist steht in der Küche und versucht, eine Fischbüchse zu öffnen. Erst reißt er die Lasche ab. Dann verbeult er mit dem Büchsenöffner die Seitenwände und auch den Deckel. Schließlich nimmt der Polizist seinen Gummiknüppel, haut mehrfach auf die Büchse und schreit:

„Aufmachen, Polizei!"

Cocktailsoße von Tina:
2 Teile Majo
1 Teil Ketschup
1 Schuss Cognac
Salz, Pfeffer

Zubereitung:

1. Pasta nach Packungsanleitung bissfest garen, durch ein Sieb gießen,
   mit kaltem Wasser abspülen, gut abtropfen lassen, 1 El von dem Thunfischöl
   unter die Pasta heben, damit sie nicht kleben und kühlstellen.
2. Von den Tomaten den Stielansatz abschneiden, die Zwiebel schälen und
   die Paprika waschen und putzen.
3. Alles in kleine Würfel schneiden.
4. Den Thunfisch zerpflücken, mit dem Gemüse, dem Öl und den Gewürzen in
   eine Salatschüssel geben und vorsichtig alles verrühren.
5. Das Thunfischgemüse langsam unter die Nudeln heben.
   Vorsicht, dass der Thunfisch nicht zu sehr zerfällt.
6. Zum Schluss den Dip aus den Zutaten zusammenrühren, alles 1 Stunde
   abgedeckt im Kühlschrank ziehen lassen und dann entscheiden,
   ob man beides getrennt oder verrührt auf den Tisch bringt.

Tomatensuppe

- lecker für 2 Portionen

- ist nach 20 Minuten fertig

- einige Tage abgedeckt im Kühlschrank haltbar

Das brauchst Du:

1/2 kg Strauchtomaten (mittelgroß)
1 kleine Zwiebel (oder 2 Schalotten)
1/2 l Gemüsebrühe (1/2 l Wasser + 1 El gekörnte Gemüsebrühe)
1 Teel italienische Kräutermischung aus dem Tiefkühler
2 El Öl
Pfeffer aus der Mühle

Wenn Du hast: - geschlagene Sahne zum Verfeinern
              - frische Basilikumblätter für Geschmack und Deko

So machst Du das:

1. Von den Tomaten den Stielansatz entfernen. Dann die Tomaten und die Zwiebel in kleine Würfel schneiden.
2. Die gekörnte Brühe in das Wasser geben und heiß werden lassen.
3. Das Öl in einem hohen Topf erhitzen, die Zwiebelwürfel glasig schwitzen und die Tomatenwürfel dazugeben. Mehrmals umrühren.
4. Nun die Brühe aufgießen und die Suppe 15 Min. zugedeckt köcheln lassen, dabei gelegentlich umrühren.
5. Danach einen zweiten Topf nehmen, ein engmaschiges Sieb darauf setzen und die Suppe mit einem Holzlöffel durch das Sieb passieren.
6. Die aufgefangene Suppe, wenn nötig, mit Wasser verdünnen und mit etwas Brühe, Pfeffer und den gefrorenen Kräutern abschmecken.
7. Die Suppe heiß auf die Teller portionieren und mit der geschlagenen Sahne und dem Basilikum garnieren.

Das geht auch:

- mit den Zwiebeln am Anfang eine Knoblauchzehe anschwitzen,
- die Sahne mit 1 Schuss Gin zusammen schlagen oder
- Croutons in die Suppe, damit Du was zum Knabbern hast.

Verdünnt mit Wodka und Tabasco auch kalt trinkbar!

Nudelsuppe

- Rezept für 1 Person

- ist in 10 Minuten fertig

Ganz einfach:

100 g Suppennudeln
1 Karotte
1/2 l Wasser
1 El gekörnte Gemüsebrühe
Schnittlauch oder Petersilie

Ganz einfach:

1. Die Nudeln nach Packungsanleitung kochen und abgießen.
2. Die Karotte waschen, putzen und dann raspeln oder hobeln.
3. Das Wasser mit der Brühe zum Köcheln bringen und die Karottenschnitze ca. 5 Min. darin garen.
4. Zum Schluss die Nudeln in der heißen Gemüsebrühe warm ziehen lassen und frische Kräuter drüberstreuen.

Für alle Nichtvegetarier:
- Mit den Karotten ein in feine Streifen geschnittenes Hähnchenbrustfilet mitgaren oder
- Kasslerbraten von der Wursttheke zum Schluss mit ziehen lassen.

Für alle, die es noch gesünder lieben:
- Ein Huhn oder Hühnerklein mit Suppengemüse, 1 Zwiebel, 1 Lorbeerblatt und Salz zugedeckt ca. 1 Stunde garkochen. Die Brühe in einem zweiten Topf durch ein Sieb auffangen, das Hühnerklein von den Knochen lösen und wieder in die Brühe geben.
Das ist ein wenig
mehr Arbeit,
aber viel gesünder.

Kräht der Hahn auf dem Huhn, hat's mit dem Wetter nichts zu tun.

Bauernregeln

Sind die Hühner platt wie Teller, war der Traktor wieder schneller.

Ist der Bauer noch nicht satt, fährt er noch ein Hühnchen platt.

Hühnersuppe aus der Tüte? Das kann man doch selber machen! ;-)

Warum Hühnerbrühe so gesund ist:

Die Rede ist vom Huhn, nicht vom Hähnchen. Denn nur das Fleisch (Fett) vom Huhn besitzt die für die Genesung so wichtigen Enzyme, die uns helfen, schneller auf die Beine zu kommen, genauso wie alle wichtigen Vitamine und Mineralien – alles ganz wichtig, gerade bei einer Erkältung.

Kartoffelsuppe

Vegi-Witz

Was ist der Unterschied zwischen einem Allesesser und einem Vegetarier?

Der Vegetarier stirbt gesünder.

- reicht für 4 Portionen oder
  für 2 Personen und 2 Tage

- Zubereitung: dauert ca. 40 Minuten

- einige Tage abgedeckt im Kühlschrank haltbar
  oder 6 Monate im Tiefkühler

Zutaten:

1 kg Kartoffeln
   = ca. 5-7 mittelgroße, mehlig kochende
3 Karotten
1 große Zwiebel
2 El Öl
2 El gekörnte Gemüsebrühe
4-6 Wiener Würstchen
Petersilie

Zubereitung:

1. Kartoffeln schälen und in kleine Würfel schneiden.
2. Zwiebel schälen und in kleine Würfel schneiden.
3. Karotten waschen, schälen und ebenfalls in kleine Würfel schneiden.
4. Das Öl im Topf erhitzen und die Zwiebeln glasig anschwitzen,
   dann die Karotten und Kartoffeln zugeben und kräftig umrühren, bis alles
   leicht angebräunt ist.
5. 1 Liter warmes Wasser aufgießen und die Brühe einrühren.
6. Die Suppe unter gelegentlichem Umrühren 20 Minuten bei mittlerer Hitze
   im geschlossenen Topf kochen.
7. Den Topf von der Kochstelle nehmen und die Suppe vorsichtig pürieren.
   (Damit nicht alles herausspritzt, kann man die Topföffnung zur Hälfte
    mit einem Handtuch abdecken.)
8. Die Wiener in die Suppe legen und heiß werden lassen - nicht kochen!
   Abschmecken.
   Ist die Suppe zu dick, mit etwas Wasser oder Brühe verdünnen.
9. Die Suppe in die Teller schöpfen und mit Petersilie garnieren.

Alternative zu Wiener:
- Bockwurst oder Jagdwurst, auch kleingeschnippelt
- gebratene Schinkenwürfel

Suppe
17

Käsesuppe

- nur für 2 Personen, weil die Suppe
  auf einmal ganz plötzlich alle ist

- Zubereitungszeit: ist nach 15 Minuten fertig

Zutaten:

250 g Hackfleisch, *gemischtes Hack*
       wenn es 300 g sind, geht das auch
1 Stange Porree
1 Pckg Schmelzkäse mit Kräuter 200-250 g
0,5 l Wasser mit 1 gehäuften El Gemüsebrühe
3 El Öl
schwarzer Pfeffer, Muskat

Zubereitung:

1. Lauch abspülen, abtropfen, in Ringe schneiden.   *ein halber bis max. 1 cm*
2. Öl in einem Topf erhitzen und
3. das Hack ohne weitere Gewürze solange krümelig anbraten, bis es vollständig
   Farbe angenommen hat. Kräftig dabei rühren.
4. Den Lauch in den Topf geben und unterrühren, bis er auch Farbe
   angenommen hat.
5. Die Gemüsebrühe aufgießen und alles einmal aufkochen lassen, dann die
   Temperatur herunterschalten.
6. Den Schmelzkäse einrühren,
   würzen, umrühren und fertig.

Ist die Suppe noch zu dünn?
Dann lasse sie einfach noch ein
wenig weiter köcheln. Ab und zu umrühren.

Zu wenig?

Du nimmst die doppelte Menge,
wenn Ihr zu viert seid und
die vierfache Menge für eine Party.
Bei solch einer großen Menge nimmst Du
jedoch etwas weniger Brühe,
da die Suppe sonst wirklich zu dünn wird.

Restaurant-Witz

„Herr Ober,
in meinem Essen
zappelt eine Fliege!"
„Na und?
Für 6-Fünfzig
können Sie kein
Ballett erwarten."

Käse-Witz

Treffen sich zwei
Holzwürmer im
Käse:
Seufzt der eine:
„Na, auch Probleme
mit den Zähnen?"

Sandwiches

- 4 verschiedene Variationen
- ideal für ein Picknick oder lange Uni-Tage
- schnell gemacht: 10 Minuten

Zutaten für alle 4 Sandwiches:

4 Scheiben Sandwichtoast
1 gekochtes Ei, in Scheiben
Brotaufstrich Lachs aus dem Discounter
Brotaufstrich Eiersalat aus dem Discounter
1 kleiner Kopfsalat, je Sandwich 1 Blatt
1 x Kresse, gezupft
1 Pckg dünne Käsescheiben
1 kleine Tomate, in feine Scheiben
Schnittlauch, geschnitten
Dill, fein geschnitten
1 Pckg dünner Kochschinken
1 kleine Salatgurke, in feinen Scheiben
1 kleine Pckg Räucherlachs
1 kleine Tube/Glas Sahne-Meerrettich
streichfähige Butter, einmal mit Dill, einmal mit Meerrettich verrühren
(von allem 1 El)

Vorbereitung: Wenn man mag, den Toast leicht antoasten.
Ansonsten: Beide Toastscheiben dünn mit Butter bestreichen.

Belegen der unteren Toastscheibe mit:

Lachs-Ei

1 Salatblatt
Lachsaufstrich
Salatgurke
gekochtes Ei
Kresse

Käse-Ei

1 Salatblatt
Ei-Aufstrich
Käse
Tomate
Schnittlauch

Schinken-Gurke

(Dillbutter)
1 Salatblatt
Kochschinken
Salatgurke
Dill & Kresse

Lachs-Meerrettich

(Meerrettichbutter)
1 Salatblatt
Räucherlachs
Dill

Männer-Sandwich

Salami- oder
Bratenscheiben
Gewürzgurke
feine Zwiebelringe
Senf-Ketschup
(geht auch ohne Salat)

Zum Schluss: Die zweite Scheibe Toast oben drauflegen und
das Sandwich vorsichtig diagonal halbieren.

*Ein Pärchen beim Sex.
Die Frau: „Oh ja!
Ich mach alles,
was du willst!"*

*Der Mann: „Oh ja!
Mach mir ein Sandwich!"*

Kochschinken
Käse
Tomate

Salat
Honigsenf
Räucherlachs
Käse

Männer-Sandwich

Pausen-Sandwich
Käse
Kochschinken
Ei-Aufstrich
Radieschen
Ei
Salat
Butter

Leichtes Gericht
21

Strammer Max

- für eine Portion

- in ein paar Minuten schnell gemacht

- wird sofort verbraucht

Das brauchst Du:

1 Scheibe großes, krosses Schwarzbrot
oder 2 normale Scheiben,
2-4 Scheiben gekochter Schinken
1-2 Gewürzgurken
Butter oder Margarine
Salz, Pfeffer
2 Eier
Öl für die Pfanne

Zubereitung:

1. Die Brotscheibe anrösten oder antoasten.
2. Öl in der Pfanne erhitzen und bei mittlerer Hitze die beiden Eier in der Pfanne getrennt voneinander braten.
3. Das Brot mit der Butter bestreichen und dem Schinken belegen.
4. Die gebratenen Eier auf das Schinkenbrot legen und mit den Gewürzgurken garnieren.
5. Zum Schluss das Brot salzen und pfeffern.

Das passt unbedingt dazu:
- ein frisches Bier oder ein Biermix
  (geht auch alkoholfrei)

Andere Variante:

- Mit rohem Schinken - entweder mit hauchdünnen Scheiben belegen oder in kleine Würfel schneiden.
- Bevor man die Gewürzgurken auflegt, geriebenen Käse über das Ei streuen.

Leichtes Gericht
23

Bagel

- 2 Portionen, aber man kann
  alles doppelt und dreifach machen

- geht ganz fix

Bagels sind wohl nicht
das ideale Entenfutter ...

Zutaten:

2 frische Bagel-Brötchen
Butter zum Bestreichen der Hälften
4 Gewürzgurken
Senf
Rindersaftschinken
Eisbergsalat
Mayonnaise

So kann man das machen:

1. Die Bagels halbieren.
2. Alle Hälften leicht mit Butter bestreichen und mit der Butterseite nach
   unten in einer heißen Pfanne knusprig anrösten.
3. Die Unterteile der Bagels mit Senf bestreichen und mit dem
   Rindersaftschinken belegen.
4. Die Gewürzgurken längs in dünne Scheiben schneiden und auf dem Schinken
   verteilen.
5. Die klein gezupften Salatblätter auf die Gurkenscheiben legen.
6. Die Oberteile der Bagels mit Mayonnaise einstreichen und auf den Salat
   setzen. Fertig!

Geht auch:

- Den Rindersaftschinken kann man gegen alle anderen kräftigen
  Wurst- und Bratensorten austauschen.
- Frikadelle/Bulette geht auch super.
- Alle Senfsorten, Frischkäse oder Brotaufstriche sind möglich.
- Wer es mediterraner mag, nimmt gebratenes Hähnchenfilet und Tomate.
- Für maritime Genüsse nimmt man Frischkäse, Räucherfisch und Honigsenfsoße.
- Die Vegis stapeln Mozarella, Tomaten, Basilikum mit etwas Balsamico.
- Wer es exotisch mag, nimmt Pfirsichspalten zwischen Geflügelsaftschinken.

Aber immer: Mit knackigem Salat.

Titelbild: Feldsalat, Lachsschinken, Mozarella, Tomate, Remoulade

Toast Hawaii

- für 1 Person = 2 Toast

- schnell zubereitet in 15 Minuten

- kann man auch noch später kalt essen

Fragewitz

*Was macht
eine Blondine
mit einer Scheibe Toast
im Bad?*

(Sie füttert die WC-Ente.)

Das brauchst Du:

Variante 1

2 Scheiben Toast
Butter
2 Scheiben Kochschinken
2 Scheiben Ananas
2 Scheiben Emmentaler
Garnitur:
2 El Wild-Preiselbeeren

Variante 2

2 Scheiben Toast
Butter
2-4 große Scheiben Salami
1 Gewürzgurke in Scheiben
2 Scheiben Emmentaler
Garnitur:
2 Teel Ketschup

Variante 3

Toast
Butter
2 El Thunfisch
aus der Dose
Zwiebelringe
Emmentaler
ohne Garnitur

*Kann man alles tauschen
oder völlig anders machen.*

So geht es schnell:

1. Den Backofen auf 200°C (Umluft 180°C) vorheizen.
2. Die Toastscheiben kurz antoasten, mit Butter bestreichen und auf das
   mit Backpapier ausgelegte Backblech legen.
3. Die Zutaten, wie oben beschrieben, der Reihenfolge nach
   auf den Buttertoast legen.
4. Nun den Backofen auf Oberhitze oder Grill schalten bei 150°C.
   Den Ofen schließen, bis der Käse zerlaufen ist. (ca. 10 Min.)
5. Den Toast auf den Teller legen, garnieren und
   heiß essen.

Das geht auch:

Anstelle der Wild-Preiselbeeren
geht auch andere dunkle, leicht herbe
Beerenkonfitüre.

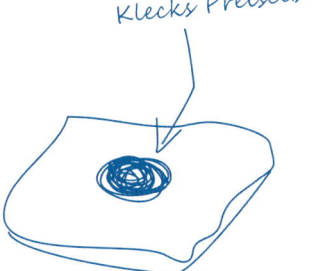

Klecks Preiselbeeren

*Am besten, Du lädst Dir ein paar
Freunde ein und machst von allen
3 Varianten gleich ein ganzes Blech.*

Rührei-Vollkorn-Brötchen

- super Frühstück für Einen allein
  (Sonntagmorgen im Bett)

- vorbereitet in 5 Minuten

- da wird nichts aufgehoben

Zutaten:

1 Vollkorn-Kürbiskern-Brötchen
2 Eier
1 kleine Tomate
1 Blatt Salat - Kopfsalat oder Eisbergsalat
frische Kräuter, wie Schnittlauch oder Kresse
Salz, Pfeffer
Butter bzw. Margarine
1 El Öl

Zubereitung:

1. Die Tomate waschen, Stielansatz entfernen und kleinschneiden.
2. Die frischen Kräuter streufähig schneiden.
3. Die 2 Eier komplett in einer kleinen Schüssel mit Salz und Pfeffer schaumig schlagen.
4. Das Öl in der Pfanne erhitzen und dann die Eiermasse bei mittlerer Temperatur dazugießen. Das Ei zunächst etwas stocken lassen und wenn es zur Hälfte fest ist, vorsichtig in der Pfanne bis zum gewünschten Zustand verrühren. Das Ei sollte aber noch glänzen.
5. Das Brötchen halbieren, gut mit Fett bestreichen, das Salatblatt auflegen und darauf das warme Ei setzen.
6. Auf das Ei kommen nun die Tomaten und zum Schluss die frischen Kräuter.

Das geht auch:

- Erst Zwiebelwürfel oder Schinkenwürfel anbraten und dann das Ei dazutun.
- Die Tomaten weglassen.
- Zwischen den Salat und das Ei eine Scheibe Lachs legen.
- Die Brötchen vorher innen antoasten.
- Über das gebratene Ei geriebenen Käse streuen.

Eier-Witz

Treffen sich
zwei Rühreier.
Das eine:
„Ach, ich bin ja so
gerührt, Sie zu sehen."
Das andere:
„Echt? Da bin ich
ja völlig durcheinander."

Käsespätzle mit Salat

Zungenbrecher

- für 2 Personen

- man braucht so ca. 25 Minuten für die Zubereitung

- kann man auch noch morgen essen,
  dann aber abgedeckt kühl lagern

*„Selten ess' ich Essig.
Ess' ich Essig,
ess' ich Essig
nur im Essen,
weil nur im Essen
ich Essig ess'!"*

Zutaten:

250 g Eierspätzle
250 g geriebener Emmentaler
Öl für die Pfanne
2 mittelgroße Zwiebeln
4 El Mehl für die Zwiebeln zum Bestäuben
1 Beutel Salatmix - ca. 150 g

Wer es kräftiger mag, nimmt einen würzigeren Käse.

Marinade: 1 Teel Essig
           3 El Öl
           Salz, Pfeffer
           1 Teel flüssigen Honig
           1 1/2 El Zitronensaft
           1 Teel Petersilie, 1 Teel Dill (TK)

Zubereitung:

1. Zwiebeln schälen, in Ringe schneiden und im Mehl wenden.
2. Öl in der Pfanne erhitzen und die gemehlten Zwiebelringe darin goldgelb
   ausbacken. Anschließend auf Küchenkrepp legen zum Entfetten.
3. Die Spätzle laut Packungsanleitung kochen und abgießen.
4. In der Pfanne das Öl erwärmen und eine Lage Spätzle einlegen.
   Dann wechselnd eine Lage Käse, eine Lage Spätzle und wieder eine Lage Käse.
5. Nun den Deckel auf die Pfanne und das Ganze ca. 5 Min. bei geringer
   Temperatur halten, damit der Käse zerlaufen kann.
6. Wenn der Käse zerlaufen ist, die Käsespätzle gleichmäßig verrühren.
   der Salat
7. Nun die Marinade für den Salat zubereiten.
8. Den Salat waschen, trocknen und wenn nötig weiter zerkleinern.
9. Die Marinade unter den Salat heben und alles kurz kühl ziehen lassen.
   zum Schluss
10. Über die fertigen Spätzle die Röstzwiebeln geben
    und mit dem Salat servieren.

Dazu passt auf alle Fälle ein kalter Weißwein, ein Weißbier oder eine
sprudelnde Saftschorle.

Leichtes Gericht
30

Kartoffeln mit Schafskäse

- für 2 Pärchen

- Zubereitungsdauer: ca. 50 Minuten

Das braucht man:

1 kg Kartoffeln, festkochend,
  (ca. 6 Stück mittelgroß),
  geschält und in 1-2 cm große Würfel geschnitten
3 Karotten in ca. 2 cm große Würfel
1 Sellerieknolle in ca. 2 cm große Würfel
1 Stange Porree in ca. 1 cm dicke Ringe
1 Zwiebel, mittelgroß, in Würfelchen geschnitten
200 ml Weißwein oder Gemüsebrühe
Salz, Pfeffer
Öl zum Braten
1 Prise Muskatnuss
(1 Prise Kümmel)
1 El gemischte Kräuter (TK)
200 g Schafskäse
frischer Schnittlauch

*Ein Bauer stöhnt abends am Stammtisch: „Ich bin ruiniert. Bevor ich zur Kur fuhr, sagte ich zu meinem Knecht, er solle die eine Hälfte der Kartoffeln auf den Markt bringen und die andere Hälfte einlagern."
„Na und?"
„Der Idiot hat sie alle durchgeschnitten!"*

So geht das:

1. Zuerst alle Zutaten bereitstellen,
   dann waschen, putzen und schnippeln.
2. Die Kartoffelwürfel leicht salzen und in der Pfanne mit einem guten
   Schuss Öl ca. 8 Min. bei etwas höherer Temperatur braten.
   Zwischendurch immer wieder vorsichtig rühren.
3. Sind die Kartoffeln goldgelb, dann herausnehmen und warmstellen.
4. In der gleichen Pfanne erst die Zwiebeln anschwitzen und dann die Karotten,
   den Sellerie und zum Schluss den Porree dazugeben.
5. Ist alles angebraten, dann mit Weißwein/Brühe ablöschen und auf mittlere
   Temperatur runterschalten.
6. Die Kartoffeln unter das Gemüse heben und die Kartoffel-Gemüse-Mischung
   bissfest ca. 8 Min. zugedeckt fertiggaren.
   Zwischendurch eine Garprobe machen.
7. Die restlichen Gewürze und Kräuter unterrühren.
8. Nun den Schafskäse unterheben und alles vorsichtig durchschwenken.
9. Zum Schluss das Kartoffelgemüse auf die Teller portionieren
   und mit dem Schnittlauch bestreut servieren.

Kartoffeln mit Kräuterquark

- für 4 Portionen

- braucht ca. 40 Minuten

- der Quark hält sich noch 2 Tage
  im Kühlschrank

- aus dem Rest Kartoffeln kann man
  später Bratkartoffeln machen

*Alle Kinder essen Joghurt.
Außer Mark der isst Quark.*

*Quark macht stark!
Quark alleene
macht krumme Beene!*

die Kartoffeln

Man nimmt 4 große, mehlig kochende Kartoffeln.
Die Kartoffeln waschen und 20-30 Minuten kochen.
Sticht man mit der Gabel ein und sie öffnen
sich weich, dann sind sie gar.
(Ist der Quark noch nicht fertig, dann die
Kartoffeln im Backofen in einer Schüssel warmhalten.)

Während die Kartoffeln kochen, den Quark anrühren:

Variante 1	Variante 2	Variante 3
250 g Quark	250 g Zaziki	250 g Quark
125 g Joghurt	250 g Sourcreme	150 g Joghurt
125 g Sauerrahm	(Kartoffelcreme)	200 g saure Sahne
1 El Leinöl	1 Zwiebel	2 El Pflanzenöl
Salz, Pfeffer	1 Stange Frühlingslauch	Salz,
1 Teel Zitronensaft	1 Pckg Schafskäse	Pfeffer
frische Kresse	Salz	1 Teel Zitronensaft
Schnittlauch	1 Prise Zucker	„8-Kräutermischung" (TK)
Kürbiskerne		frische Kresse

Nachdem alles verrührt ist, wird abgeschmeckt.

kleine Quarkhilfe

- Ist der Quark zu dick, rührt man Milch oder Kaffeesahne dazu.
- Ist er zu fad, fehlt Salz.
- Mit Pfeffer und scharfen Gewürzen eher vorsichtig sein, denn
  durch zu viel Kräuter kann der Quark bitter werden.
- Eine kleine Prise Zucker macht den Geschmack runder.

Schafskäse im Schinkenmantel

- für 2 Portionen

- Zeit: ca. 30 Minuten

Man nimmt:

3 mittelgroße Kartoffeln
Grillgewürz
1 Pckg Schafskäse (250g)
5 Scheiben Schwarzwälder Schinken
gemischte Kräuter aus dem Tiefkühler
1 kleines Glas grüne Bohnen
Öl zum Braten
1 kleine Pckg gemischter Salat
Tomaten für den Frischekick

So geht's:

1. Zuerst den Ofen auf 180°C vorheizen.
2. Nun die Kartoffeln waschen, trocknen, jeweils in acht Stücke schneiden und in eine Auflaufform geben.
3. Die Kartoffeln mit Öl begießen und mit dem Grillgewürz bestreuen.
4. Ist der Ofen heiß genug, die Kartoffeln 30 Min. bei Umluft garen (ansonsten Ober- und Unterhitze bei 200°C).
   Zwischendurch umrühren. Nach 20 Min. kontrollieren, ob sie schon weich sind.
5. Den Schafskäse vorsichtig in 5 gleichgroße Stücken schneiden und mit dem Schinken umwickeln.
6. In einer Pfanne etwas Öl heiß werden lassen.
   Den Schafskäse mit der Seite nach unten in die Pfanne legen, wo der Schinken beim Umwickeln endet.
   Die Temperatur herunterschalten, da der Schinken sonst verbrennt und der Schafskäse verläuft, bevor alles schön knusprig ist.
7. Unter ständigem Wenden die Sticks ringsherum knusprig braten.
8. Danach die Sticks herausnehmen und warmstellen.
9. Die Bohnen abtropfen lassen und in der gleichen Pfanne heiß werden lassen.
   Nicht salzen, da der Schinken sein Salz bereits an das Fett abgegeben hat.

Wenn man mag, macht man sich einen schönen frischen Salat dazu:
Salatmix aus dem Supermarkt mit ein paar Cocktailtomaten.
Marinade: 1 El Öl, 1 El Essig, 1 Prise Zucker, 1 El gemischte TK-Kräuter

Noch was dazu:
Toll schmeckt auch Zaziki dazu (S. 86).

Leichtes Gericht

Leichtes Gericht
37

Hotdogs

- für 1 Person bis ganz viele Gäste

- Vorbereitung:
  Alle Zutaten hinstellen.

Hotdog-Küchen-Party
Soll heißen:
Es kommen mehrere Leute, man hat keinen Plan, aber man kriegt das hin!
Alle Zutaten samt passender Reste aus dem Kühlschrank auf den Tisch stellen, Grill oder Toaster anwerfen, Würstchenwasser heiß machen und:
Los geht's.

Kann man sich schnell auch mal um Mitternacht machen.

Das brauchst Du:	1 Hotdog:
1 Pckg Hotdog-Brötchen	-> 1 Brötchen
1 Pckg oder ein Glas Wiener	-> 1 Wiener
1 kleines Glas Cornichons	-> 1 Gurke längs in Streifen geschnitten
1 Flasche Ketschup	-> 1 Teel Ketschup
1 Becher milder Senf	-> 1 Teel Senf
1 Pckg Röstzwiebeln	-> 1 Teel Röstzwiebeln

Kurz und zackig:
1. Wasser in einem Topf heiß werden lassen aber nicht kochen.
2. Die Würstchen in den Topf geben, den Deckel leicht
   geöffnet lassen und ca. 10 Min. stehen lassen.
3. Die Brötchen längs aufschneiden, aber nicht durchschneiden.
4. Die Innenseiten der Brötchen über dem Toaster aufwärmen, oder
   in der Mikrowelle unter dem Grill anrösten.
5. Die heißen Würstchen abtropfen und in die Brötchen legen, dann
   die Gurkenstreifen auflegen und Ketschup sowie Senf daraufgeben.
   Zum Schluss die Röstzwiebeln darüberstreuen. Fertig!

Hotdogs sind alles andere als langweilig!

Man kann:
- den fertigen Hotdog überbacken,
- das Brötchen vorher mit Schmelzkäse bestreichen,
- auch Ruccola und Tomatenscheiben in den Hotdog legen,
- frische oder angedünstete Zwiebelringe auf die Wurst geben,
- unter das Würstchen verschiedene Salate streichen,
  z.B. herzhafte Brotaufstriche oder Rindfleischsalat.

Ganz anders: Die Würstchen werden angebraten und mit Curryketschup
             oder sogar mit Chili zu einem Hot-Hot-Dog.

Bruschetta

- Snacks für 1 bis unendlich viele Leute

- Vorbereitung:
  schnippeln, toasten, belegen: 5 Minuten

- man macht ja nur so viel, wie man isst

Das brauchst Du für 4 Scheiben:

Baguette oder Ciabatta
2 aromatische Tomaten
1 Knoblauchzehe
1 Schalotte
frisches Basilikum
1 Teel Italienische Kräutermischung (TK)
Olivenöl
Salz und Pfeffer aus der Mühle

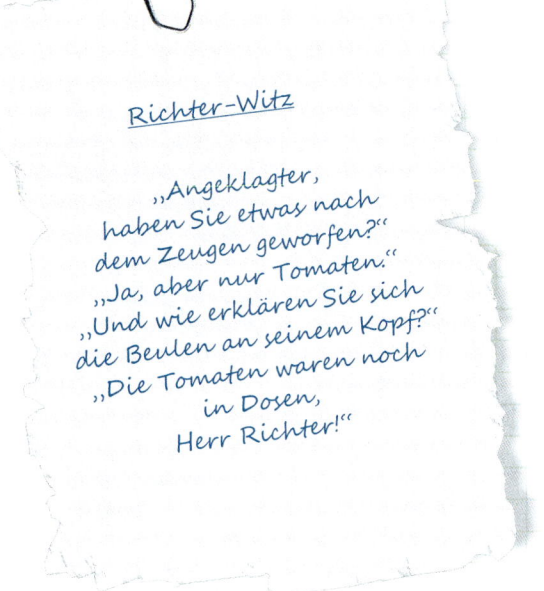

Richter-Witz

„Angeklagter, haben Sie etwas nach dem Zeugen geworfen?"
„Ja, aber nur Tomaten."
„Und wie erklären Sie sich die Beulen an seinem Kopf?"
„Die Tomaten waren noch in Dosen, Herr Richter!"

Zubereitung:

1. Die Tomaten waschen, Stielansatz entfernen und in kleine Würfel schneiden.
2. Die Schalotte in feine Ringe schneiden.
3. Dann beides mischen und mit 1-2 El Olivenöl und den Kräutern verrühren.
4. Frisches Basilikum vorsichtig klein schneiden.
5. Die Knoblauchzehe schälen und pressen.
6. Das Weißbrot in daumendicke Scheiben schneiden.
7. 3 El Öl in einer Pfanne erhitzen und das Knoblauchmus darin gleichmäßig andünsten.
8. Dann die Brotscheiben darauflegen und darin anrösten.
9. Die fertigen Scheiben Brot aus der Pfanne nehmen und die Tomatenmischung auf die Scheiben verteilen.
10. Das frische Basilikum aufstreuen. Fertig.

Das geht auch:
Olivenfans mischen natürlich klein geschnittene Oliven
unter die Tomatenwürfel.

Spaghetti Bolognese

- für 4 Personen mit gutem Appetit

- 30 Minuten Zubereitungszeit

- Reste kann man: - morgen aufbraten,
  - übermorgen als Auflauf essen,
  - für nächste Woche einfrieren.

Das brauchst Du dazu:

500 g Spaghetti
400 g gemischtes Hackfleisch
2 kleine Dosen geschälte Tomaten oder Pizzatomaten
1 große Zwiebel
2 Knoblauchzehen
etwas Ketschup
1 Teel Senf
1 Teel Basilikum (TK)
1 Teel Italienische Kräuter (TK)
Salz, Pfeffer, Paprika
Olivenöl
Parmesan zum Streuen oder Hobeln

So kann man das machen:

1. Die Spaghetti nach Packungsanleitung in Salzwasser kochen.
2. Die Zwiebel und die Knoblauchzehen schälen, in kleine Würfel schneiden
   und im Olivenöl in der Pfanne glasig andünsten - nicht braten.
3. Das Hackfleisch dazugeben und solange kräftig anbraten und rühren,
   bis das Hackfleisch sich voneinander getrennt hat und krümelig ist.
4. Nun die Dosentomaten in die Pfanne geben und alles gut durchrühren
   und ca. 8-10 Min. köcheln lassen.
5. Die Bolognese mit Senf, Ketschup, den Kräutern und Gewürzen
   abschmecken, vom Herd nehmen und warmstellen.
6. Zum Ende der Kochzeit der Spaghetti, diese immer wieder kosten.
   Sind sie weich, aber noch bissfest, werden sie in ein Sieb geschüttet.
7. Die Spaghetti gut abtropfen lassen und im gesäuberten Topf warmhalten.
8. Etwas Olivenöl über die Spaghetti verteilt, sorgt dafür,
   dass sie nicht aneinander kleben.
9. Die Spaghetti auf die Teller portionieren, Bolognese darübergeben
   und den Parmesan drüberstreuen. Zum Schluss: Genießen!

Der knackige Frischekick:
- 1 Tomate, fein gewürfelt, über die fertige Pasta geben.
- Frühlingslauch in Ringen auf die Bolognese streuen.

Fritzchenwitz

Fritzchen: „Mama, was ist impotent?"

Mutter:
„Das ist in etwa so, als würdest du mit gekochten Spaghetti Mikado spielen wollen."

Tortelloni

- reicht für 2 Portionen

- Zubereitungszeit: Höchstens eine halbe Stunde,
  ist ja nur kochen, schnippeln, rühren.

Das brauchst Du dazu:

1 Pckg Tortelloni aus der Frischetheke, ca. 250 g
1/2 Becher Sahne, 100-150 ml
100 g Kochschinken
100 g Tiefkühlerbsen (oder eine Handvoll)
1 Stück Gorgonzola (ca. 120-150 g)
geriebener Parmesan

So geht das:

1. Die Tortelloni nach Packungsanleitung kochen.
2. Den Schinken in kleine Würfel schneiden.
3. Den Gorgonzola in einem kleinen Topf mit der Sahne langsam schmelzen
   und auf dem Herd auf kleiner Temperatur stehen lassen.
4. Die Erbsen (unaufgetaut) und den Schinken in den Topf geben und dabei
   aufpassen, dass die Soße heiß bleibt.
5. Sind die Tortelloni fertig, diese gut abtropfen lassen und heiß auf
   die Teller verteilen.
6. Dann die Soße über die Pasta geben und
7. den Parmesan darüberstreuen.

Für den knackigen Frischekick:
- 1 Tomate, fein gewürfelt darübergeben.
- Frischen Frühlingslauch, in Ringe geschnitten, vor dem Servieren unterheben.

Einen kleinen Salat dazu?

Einen Salatmix aus dem Supermarkt
mit Olivenöl und Balsamico
(zu gleichen Teilen) vermischen
und als Beilage zur Pasta geben.

Kellnerwitz

Ein Pärchen beim
Italiener.
Was bestellen Sie?
Sie:
„Einmal Tortelloni
für meinen Macker!"
Er:
„Einmal Makkeroni
für meine Torte …!"

Buon Appetito!

Zucchini-Tomaten-Nudeln

- reicht für 2 Portionen, +2 am nächsten Tag

- Zubereitungszeit:
  - nur eine halben Stunde,
  - schnippeln, kochen, rühren, fertig

Das brauchst Du dazu:

250 g Penne
250 g aromatische Tomaten
1 Zucchini, mittelgroß
1 El Öl
Salz
150-200 g Schmelzkäse
1 El TK Basilikum
1 El TK Italienische Kräuter

Zubereitung:

1. Die Penne nach Packungsanleitung „al dente" kochen.
2. Zucchini waschen, Enden abschneiden, in fingerdicke Scheiben schneiden und vierteln.
3. Die Tomaten waschen, die Stielansätze abschneiden und ebenfalls klein schneiden.
4. Das Öl in der Pfanne heiß werden lassen und die Zucchini anbraten.
5. Anschließend die Tomaten zugeben und das Gemüse würzen.
6. Die Gemüsepfanne gut durchrühren und vom Herd nehmen.
7. Nun die Kräuter in der Pfanne unterrühren.
8. Die Penne durch ein Sieb abgießen und unter das Gemüse rühren.
9. Zum Schluss die Pfanne noch einmal auf mittlere Hitze hochschalten und den Schmelzkäse vorsichtig in der Pfanne unterrühren.

Gemüsewitz

„Frau Nachbarin, kleiner Tipp: Wenn Sie nackt durch Ihren Garten laufen, dann werden die Tomaten auch richtig rot!"

„Das habe ich schon versucht. – Jetzt sind die Gurken 40 cm lang!"

al dente (ital.) = bissfest
Das bedeutet, dass der Kern der Pasta oder des Gemüses noch nicht ganz weich sind.

Warum bei Tomaten den Stielansatz abschneiden?
1. Er ist meist holzig und das ist nicht toll im Salat.
2. Er kann Rückstände von Stoffen enthalten, mit denen die Tomatenpflanze in der Blütezeit gedüngt wurde, die sich auch beim Kochen nicht zersetzen.

Paprika-Frikadellen mit Potatos

- für 2 gute Portionen

- Zubereitungszeit: 1 Stunde
  Wichtig ist: Erst alles vorbereiten
  und dann nacheinander abarbeiten.

Zutaten:
für die Potatos
4 mittelgroße Kartoffeln
Olivenöl, großzügig verwenden
Salz, Pfeffer
für das Pfannengemüse
1 gelbe und 1 rote Paprikaschote
1 kleine Dose Tomaten
1 El Instantbrühe in 200 ml Wasser
für die Frikadellen
1 mittelgroße Zwiebel, feingewürfelt
500 g gemischtes Hackfleisch
1 Ei
ca. 3 gehäufte El Semmelbrösel
200 g Kräuterquark
2 El gehackte Petersilie
Gewürzmischung für Gebratenes
Bratfett bzw. Bratöl

Zuerst:
Den Backofen vorheizen auf Umluft 180°C bzw. 200°C Ober- und Unterhitze.
die Potatos
1. Die Kartoffeln waschen, vierteln oder achteln, mit Olivenöl, Salz und
   Pfeffer mischen und in einer Auflaufform ca. 45 Min. unter gelegentlichem
   Wenden im Backofen goldgelb backen.
   In der Zeit:
das Pfannengemüse
2. Die Paprikaschoten waschen, putzen und in Würfel schneiden.
3. Öl in einem Topf erhitzen, die Paprikawürfel und eine Hälfte der
   Zwiebelwürfel nicht zu heiß anschwitzen.
4. Dann die zerkleinerten Dosentomaten und die Brühe zugießen,
   umrühren und ca. 10 Min. leicht köcheln lassen. Zwischendurch umrühren.
   Danach den Topf zugedeckt warmstellen.
die Frikadellen
5. Das Hackfleisch mit dem Ei, den restlichen Zwiebeln, dem Kräuterquark,
   der Petersilie, den Bröseln und der Gewürzmischung kräftig gleichmäßig
   zu einem Hackteig verkneten.
6. Gleichmäßige Frikadellen formen und in reichlich Bratfett von beiden
   Seiten knusprig braten.

Frikadellenwitz

Der Kellner rennt in
die Küche: „Draußen sitzt
ein Zement-Experte!"
„Ja und?"
„Er möchte unbedingt
das Rezept von unseren
Frikadellen kaufen!"

Hamburger mit Pommes

- für 2 Burger

- Zubereitungszeit:
  30 Minuten können es schon werden

Zutaten:

ca. 300 g Rinderhackfleisch
1 Ei
1 kleine Zwiebel
    - ein paar dünne Ringe zum Belegen
    - Rest in kleine Würfel schneiden
Universalgewürz
1-2 El Semmelbrösel
Bratöl
2 Sesambrötchen
1 mittelgroße Gewürzgurke
1 kleine Tomate
2 Blatt Eisbergsalat
Hamburgersauce (gibt es im Handel zu kaufen)
Ketschup
1 kleine Pckg Pommmes aus der TK
Öl oder Fett nach Zubereitungsanleitung auf der Packung

1. Die Hackmasse zubereiten: Das Hackfleisch mit den Zwiebelwürfeln,
   dem Ei, dem Gewürz und den Semmelbröseln gut durchkneten.
   Je länger man knetet, desto dichter wird der Teig. Je mehr Semmelbrösel
   man zugibt, desto fester wird er.
2. In die Pfanne Öl geben und heiß werden lassen.
3. Zwei Kugeln gleicher Größe formen und dann flachdrücken.
   Erscheinen die Burgerkugeln zu groß, dann teilt man die Masse
   in 4 gleiche Teile und macht anschließend zwei Doppelburger.
4. Die Hackscheiben von beiden Seiten gut durchbraten. Warmstellen.
5. Mit dem Restfett in der Pfanne die Zwiebelringe kurz andünsten.
6. Die Pommes nach Packungsanleitung zubereiten.
7. Die Brötchen aufschneiden und die Innenseiten antoasten.
8. Die Hamburger fertigstellen.
   (siehe Bild)

9. Burger und Pommes auf
   die Teller verteilen,
   die Pommes salzen und
   mit Ketschup servieren.

Weichei-Sprüche

Hamburger-ohne-Gurke-Esser
Zwiebel-im-Essen-Kleinschneider
Semmelbrösel-vom-Boden-Feger
Ketschup-von-der-Wand-Wischer
Brötchen-über-der-Spüle-Aufschneider

Die Pfanne auf höchster Stufe heiß werden lassen
und dann ein klein wenig zurückschalten.
Ist das Fett zu heiß, verbrennt das Hack zu schnell,
ist das Öl zu kalt, zieht das Hackfleisch Öl
und zerfällt.

Gutes Gelingen!

Brötchen-Oberteil
Tomate
Gewürzgurke
Zwiebeln
Burger
Hamburgersauce
Salatblatt
Hamburgersauce
Unterteil

Hauptgericht
51

Schaschlik mit Püree

- gedacht für 2 Personen
- Zubereitungszeit:
  30 Minuten bei gekauften Schaschliks,
  ansonsten 45 Minuten

Das brauchst Du dazu:
2 Schaschlikspieße
1 Pckg Kartoffelpüree oder Stampfkartoffeln
1 Würfel Klarer Bratensaft
Öl zum Braten
Milch für das Püree
Röstzwiebeln
1 Teel Kräuter (TK)

So geht das:

1. Öl in der Pfanne heiß werden lassen und die Schaschliks anbraten.
2. Die Temperatur etwas herunternehmen, damit das Fleisch nicht anbrennt.
3. Nun von jeder Seite ca. 3 Min. (insgesamt 12-15 Min.) braten. Die Spieße herausnehmen und warmstellen.
4. Sind noch Reste von selbstgemachten Schaschliks vorhanden, können diese jetzt angedünstet werden für die Soße.
5. Den Bratensaftwürfel mit 1 Tasse Wasser in die Pfanne geben, aufkochen, die Kräuter zugeben und umrühren.
6. Die Schaschliks wieder in die Pfanne legen und alles abgedeckt warmhalten.
7. Nun das Püree nach Packungsanleitung zubereiten.
8. Das fertige Gericht auf die Teller portionieren, mit Röstzwiebeln und Kräutern bestreuen und servieren.

Schaschlik selber machen:
1. 200 g Gulaschfleisch (Schwein o. Pute) nehmen - wenn die Stücke zu groß sind, dann halbieren.
2. 1 Zwiebel abschälen und vierteln.
3. 1 Paprikaschote in passend große Stücke schneiden.
4. Dann: - alle Zutaten abwechselnd auf einen Holzspieß schieben,
        - mit Grillgewürz überstreuen,
        - mit Öl einpinseln und braten.

Wenn die Soße zu kräftig gewürzt ist, kann sie mit Ketschup oder Sahne abgemildert werden.

Kartoffelbrei selber machen:
Kartoffeln schälen, 20 Min. in Salzwasser kochen, Wasser raus, etwas Milch,
1 El Butter und etwas Muskat dazu - alles durchstampfen und fertig.
(Die Menge der Milch entscheidet, wie weich der Kartoffelbrei wird.)

Cevapcici mit Paprika

- für 2 Portionen gedacht
- Reste kann man für morgen lassen oder einfrieren
- Dauer: ca. 45 Minuten

Das brauchst Du für den Cevapcici-Teig:
300-500 g Rinderhack
1 Zwiebel, fein gewürfelt
1 Ei
Universalgewürz
2 El mildes Paprikapulver
2 Knoblauchzehen, durchgepresst
2 El Petersilie, gehackt
1/2 Tasse Semmelmehl
Öl zum Braten

Außerdem:
4 rote Paprikaschoten, in Würfel geschnitten
1 Zwiebel, gewürfelt
Tomatenmark
Salz, Pfeffer
1/2 l Rinder- oder Gemüsebrühe, warm
1 Pckg Reis

So geht das:

1. Alle Zutaten für das Cevapcici in eine sehr große Schüssel geben und
   kräftig durchkneten. Je länger man knetet, desto dichter wird der Teig.
   Das ist gut. Mit Semmelmehl kann man den Teig fester machen.
2. Mit einem Esslöffel immer gleichgroße Teigstücke herausnehmen und diese
   zuerst in den Handflächen zu einer dichten Kugel formen und dann
   auf einem Brett zu einem ca. 5 cm langen Würstchen rollen.
   Mit ein bisschen Übung geht das.
3. Das Öl in die Pfanne geben. Wenn es sehr heiß ist, die Hitze ein klein
   wenig zurücknehmen.
4. Die Cevapciciwürstchen rundherum braun braten und in einem Topf warmstellen.
5. Etwas frisches Öl in die Pfanne geben.
6. Die Zwiebel- und Paprikawürfel anbraten und würzen.
7. Das Gemüse mit der Brühe ablöschen und ca. 25 Min. schmoren lassen.
   Zwischendurch umrühren.
8. Reis nach Packungsanleitung zubereiten und warmstellen.
9. Die Soße mit Tomatenmark abschmecken und die Cevapcici durchrollen,
   damit sie schön was von der Soße einziehen.
   Ist diese zu dick, dann mit Brühe verdünnen
   und erneut abschmecken.
   Zum Schluss alles ausdekoriert servieren.

Kellnerwitz

„Herr Ober, hier sind ja gar keine Stühle?!"

„Sie hatten ja auch nur einen Tisch bestellt."

Dobar tek!
(kroatisch: Guten Appetit!)

Kartoffelpuffer mit Lachs

- gedacht für 3 Leute

- 30 Minuten bei gekauftem Pufferteig,
  ansonsten ca. 45 Minuten

Zutatenliste - wenn Du es selber machst:

1,5 kg große, mehlig kochende Kartoffeln
   - ca. 8 Stück
1 große Zwiebel, in feine Würfel geschnitten
2 Eier
2 El Mehl
Öl zum Braten
2 Pckg geräucherter Lachs - je 100 g
1 Tube Sahne-Meerrettich
1 kleine Tüte Feldsalat
1 Bund Radieschen
Marinade: 1 Teel Essig, 3 El Öl, Salz, Pfeffer, 1 Teel flüssigen Honig,
          1 1/2 El Zitronensaft, 1 Teel Petersilie, 1 Teel Dill (TK)

So haben wir das gemacht:

1. Die Kartoffeln schälen und auf ein feuchtes Tuch legen.
2. Mittels einer Küchenreibe oder Küchenmaschine die Kartoffeln in einer
   großen Schüssel klein reiben. - Vorsicht Fingerkuppen!!!
   Sollte sich in der Schüssel zu viel Wasser abgesetzt haben, dieses abgießen.
3. Nacheinander die Zwiebelstücke, die Eier und dann das Mehl in die
   Kartoffelmasse geben und sorgfältig verrühren.
4. Kühlstellen.
5. Salat und Radieschen waschen, trocknen und kleinschneiden. Kühlstellen.
6. Die Salatmarinade herstellen, abschmecken und kühl ziehen lassen.
7. In einer großen Pfanne reichlich Öl erhitzen, mit einer kleinen Kelle
   den Teig in die Pfanne geben, den Teig flach drücken und von jeder Seite
   ca. 3-4 Min. goldgelb braten.
   Lieber eher wenden als zu spät.
   Den Bratvorgang wiederholen, bis der Teig aufgebraucht ist.
   Die Puffer im leicht offenen Backofen warmhalten. *damit sie kross bleiben*
8. Nun den Salat mit der Marinade verrühren.
9. Die Puffer auf die Teller legen, den Lachs geschwungen darauflegen und mit
   dem Sahne-Meerrettich verfeinern. Den Salat dazugeben und ausgarniert,
   eventuell mit einer Zitronenscheibe, servieren.

Currywurst

- gedacht für 2 Personen

- Zeit: 20 Minuten bei selbst gemachter Soße, sonst geht's schneller, aber mit Pommes dauert es dann doch wieder 20 Minuten.

Zuerst die Soße:

Für ganz Schnelle geht Ketschup mit Currypulver - logo!

Für Genießer „sößelt" man:

1/2	Fl.	Ketschup
2	El	Tomatenmark
1	El	Currypulver
1	Teel	Worcestersauce
1	Spritzer	Essig
2	El	Orangensaft
1	Teel	Zucker
1/2	Teel	Senf
1	Teel	Paprikapulver

Alles in einen etwas höheren Topf geben, leicht einköcheln lassen, abschmecken und warmhalten.

traditionelle Beilage: Pommes

Da nimmt man die Lieblingspommes aus der TK und bereitet sie im Backofen zu.
(Die Bratpfanne brauchen wir jetzt für die Wurst!)

die Wurst

Im heißen Bratöl von allen Seiten kross anbraten.
Wenn man die Wurst von Anfang an immer wieder etwas in der Pfanne dreht, dann verbiegt sie sich nicht, platzt nicht (Kommt auf die Wurstsorte an.) bzw. verbrennt nicht einseitig.
Auf Küchenkrepp abtupfen, Ketschup und Currypulver drüber oder die Soße dazu.

Nun sollten auch die Pommes soweit sein.
Diese in eine Schüssel geben, mit Salz und Paprika würzen und ab auf den Teller.

Gute Frage: Welche Wurst?

Auf keinen Fall nimmt man Bratwurst!

Entweder: mit Darm - gepökelte und geräucherte Brühwürste, ähnlich der Bockwürste

Oder: ohne Darm, ähnlich der Weißwurst ohne Pelle

Da gibt es noch die Rote Knackwurst oder die gute Rindswurst. Im Grunde genommen heißt es: Durchprobieren und wurst is.

Fischnuggets mit preußischem Kartoffelsalat

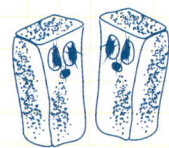

„Kabeljau?" „Nee, Seelachs!"

- reicht für 2-3 Hungrige

- Variante 1:
  Fischstäbchen und Kartoffelsalat kaufen - ca. 20 Minuten

- Variante 2:
  Fischstäbchen kaufen - Salat selber machen - ca. 40 Minuten (Foto)

- Variante 3:
  Fischnuggets und Salat selber machen - ca. 45 Minuten (Rezept)

Das brauchst Du
für die Nuggets:
2 frische Fischfilets
Fischgewürz oder Salz und Pfeffer
1 Teller Mehl
1 Teller mit 2 verquirlten Eiern
1 Teller Paniermehl
1 Zitrone
Öl zum Braten

Das brauchst Du
für den Kartoffelsalat:
ca. 1 kg kleine, festkochende Kartoffeln
Salz, Pfeffer
1 kleines Glas Gewürzgurken
2 hartgekochte Eier
(3 Scheiben als Deko beiseitelegen)
1 Becher Fleischsalat
1 Apfel
1 Zwiebel
Für die Dekoration:
Tomate, Schnittlauch, Petersilie

So geht das:
der Kartoffelsalat
1. Zuerst die Kartoffeln waschen und bissfest kochen.
2. Zum Abkühlen beiseitestellen.
3. In der Zeit alle schneidbaren Zutaten in kleine Würfel schneiden und mit der Hälfte des Gurkenwassers begießen.
4. Die Kartoffeln pellen, ebenfalls würfeln, in eine große Schüssel geben und würzen. Die geschnippelten Zutaten über die Kartoffeln geben, einmal alles unterheben und kühl ziehenlassen.
5. Arbeitsflächen säubern.
die Fischnuggets
6. Nun die Filets auf einem Brett in mundgerechte Nuggets schneiden.
7. In eine Pfanne reichlich Bratöl geben und erhitzen.
8. Die Nuggets würzen, erst in Mehl, dann in Ei und zum Schluss in Paniermehl wälzen. Immer nur so viel, wie in die Pfanne gehen.
9. Ist das Bratöl heiß genug, die Nuggets von allen Seiten goldgelb backen.
10. Die gebackenen Nuggets auf einem Haushaltstuch geben und das Fett abtupfen, etwas mit Zitrone beträufeln und warmstellen. (am besten im offenen Herd)
zum Schluss
11. In den Kartoffelsalat den Fleischsalat unterheben.
   Ist dieser zu dick, mit etwas Gurkenflüssigkeit verdünnen.
   (Kartoffeln ziehen immer noch Flüssigkeit nach!)
12. Die Nuggets und den Kartoffelsalat auf die Teller portionieren. Servieren.

Hackfleisch-Reis-Auflauf mit Paprika

- Dinner for 2
  (was mehr ist, kann man einfrieren)

- Zeit: alles zusammen ca. 45 Minuten

Kochwitz

Peter zu seinem Freund Tim:
„Verlangt dein Vater auch von dir, dass du vor dem Essen betest?"
Tim: „Nein, meine Mutter kocht eigentlich ganz gut."

Das stellst Du zurecht:
300 g Hackfleisch
250 g Reis (oder 2 Kochbeutel)
1 mittelgroße Zwiebel
1 Knoblauchzehe (kann man, muss man nicht)
4 El Pflanzenöl
einige Butterflocken
1 rote und 1 gelbe Paprika
2 mittelgroße Tomaten
Parmesan-Käse zum Hobeln
Bratengewürz, Paprikapulver

1 Topf
1 Pfanne
1 Auflaufform

So geht das:

1. Zuerst den Reis nach Packungsanleitung kochen.
2. Dann die Zwiebel in Würfel schneiden, die Knoblauchzehe pellen und kleinschneiden, die Paprika waschen, putzen und in Streifen schneiden. Auch die Tomate in feine Scheiben schneiden.
3. Jetzt in eine Pfanne Öl zum Braten geben und die Zwiebelwürfel mit dem Knoblauch anschwitzen.
4. Das Hackfleisch zugeben, würzen, durchrühren und krümelig anbraten.
5. Den Ofen vorheizen auf 200°C (Umluft 180°C).
6. Den fertigen Reis unter die Hackmasse rühren.
7. Eine Auflaufform mit Öl ausstreichen.
8. Je eine Lage Hackfleisch-Reismasse und Paprikastreifen mit Tomatenscheiben im Wechsel in die Form schichten. Auf die oberste Schicht die Butterflocken verteilen und den Parmesan hobeln.
9. Im Backofen den Auflauf 25 Min. garen.

Für Käsefans:
Zwischen die Lagen und zu oberst reichlich geriebenen Emmentaler oder Pizzakäse streuen und dann das Ganze goldbraun überbacken.

Hähnchengulasch

- für 3 Personen

- Zeit: braucht so 40 Minuten

Deine Zutatenliste:

3 Hähnchenbrustfilets
2 Zwiebeln
1 Knoblauchzehe
2 Paprikaschoten
2 El Öl
Grillgewürz
1 El Tomatenmark
250 g Kräuter-Crème frâiche
200 ml Geflügelbrühe
Schnittlauch
1 Teel Senf

Das ist nicht schwer:

1. Hähnchenfilets in Würfel schneiden und würzen.
2. Die Zwiebeln schälen und in kleine Würfel schneiden.
3. Die Paprikaschoten waschen, Kerngehäuse entfernen und auch würfeln.
5. 2 El Öl in der Pfanne erhitzen und die Zwiebelwürfel anschwitzen.
6. Die Filetwürfel in die Pfanne geben und leicht anbraten.
7. Nun den Knoblauch durch die Knoblauchpresse drücken und mit den
   Paprikawürfeln in die Pfanne geben.
   Unter ständigem Rühren alles bei mittlerer Hitze ca. 5 Min. braten.
8. Anschließend Tomatenmark und Senf einrühren, die Brühe aufgießen und den
   Gulasch 10 Min. zugedeckt garen.
   Garprobe machen (indem man ein Stück Fleisch herausnimmt und kostet).
9. Zum Schluss Crème frâiche unterrühren, abschmecken und servieren.

Passt dazu:
- frisches Baguette
- Reis
- Pasta
- Kartoffelecken

Eine leichte Weinschorle schmeckt super dazu!

Hähnchenstreifen mit Salat

- für 3 Portionen

- Dauer der Zubereitung: ruhige 30 Minuten

Zutaten:

3 Hähnchenbrustfilets (Pute geht auch)
Worcestersauce
3 El Mehl
Olivenöl für den Salat
helles Balsamico-Essig mit Honig
2 Stück Mini Romanasalat (Römersalat)
6 Cocktailtomaten
Schnittlauch und Kresse zum Garnieren
Salz, Pfeffer
2 El Honig
Öl zum Braten

Ich hab's ja gesagt. Viel zuviel Sonnenöl!

Frisches Baguette dazureichen und den Salat mit dunklem Balsamico und Parmesanhobeln verfeinern.

Steht alles auf dem Tisch bereit, werden die Filets, Tomaten und der Romanasalat erstmal abgespült und trockengetupft.

Dann geht's los:

1. Die Filets in gleichstarke Streifen schneiden.
2. In einer Schüssel eine Marinade aus Olivenöl, Salz, Pfeffer und einigen Spritzern Worcestersauce anrühren und die Filets darin einlegen.
3. Abgedeckt ca. 15 Min. kühlstellen.
4. Arbeitsfläche säubern.
5. Den Romana und die Tomaten in salatgerechte Stücke schneiden und in eine Schüssel geben.
6. Olivenöl und Essig zu gleichen Teilen in einer Tasse verrühren. Die Gesamtmenge kann man selber bestimmen. Erstmal kosten. Vielleicht noch einen Spritzer Zitrone oder eine Prise Zucker mit ran.
7. Die Marinade über den Salat geben und kühlstellen.
8. Dann das Fleisch holen und auf Küchenkrepp abtupfen. Die Streifen in Mehl wälzen (das verhindert zeitiges anbrennen und austrocknen des Fleisches).
9. Das Bratöl in der Pfanne erhitzen, die Fleischstreifen hineingeben und unter mehrmaligem Wenden ca. 5 Min. braten.
10. Nun den Honig vorsichtig über die Streifen geben, ein paar Mal wenden bis alles goldgelb glänzt und mit dem Salat ausgarniert auf die Teller portionieren.

Chili con Carne

- das reicht für 4 Personen

- Zubereitungszeit: etwa 30 Minuten

Das kommt da rein:

500 g gemischtes Hackfleisch
1 kleine Dose Kidney Bohnen
1 kleine Dose Gemüsemais
3 El Olivenöl
1 mittlere Zwiebel
Pfeffer
Chili
Paprikapulver, mild
2 Knoblauchzehen
1 Tube Tomatenmark
1/4 l Gemüsebrühe

So geht das:

1. Bohnen und Mais abgießen und kurz abspülen.
2. Die Zwiebel in kleine Würfel schneiden.
3. In einer Pfanne das Öl erhitzen und die Zwiebelwürfel andünsten.
4. Das Hackfleisch zugeben, den Knoblauch auspressen und solange rühren, bis das Hackfleisch Farbe angenommen hat und krümelig geworden ist.
5. Die Hackmasse würzen, die Brühe aufgießen, das Tomatenmark zugeben und alles unter mäßiger Hitze durchköcheln lassen.
   Immer wieder umrühren.
6. Zum Schluss das Gemüse unterrühren und noch 5 Min. langsam köcheln.

scharfe Chilisorten	beliebte Gewürze
Jalapeno	Tex-Mex-Gewürze
Ancho	Oregano
Pasilla	Kreuzkümmel

Was ist das?

Zwei Mexikaner beim Pinkeln und einer erzählt einen Witz.

Schnitzel Wiener Art mit Kartoffelsalat

- Rezept für 4 Schnitzelesser

- Zubereitung: so ca. 45 Minuten

Zurechtlegen:

für den Salat
1 kg kleinere, festkochende Kartoffeln
1 kleine Zwiebel (oder 1 Schalotte)
Salz, Pfeffer
Essig, Olivenöl (Verhältnis 1:4)
1 Tasse heiße Gemüsebrühe

für die Schnitzel
4 gleichgroße Schnitzel, leicht geklopft
2 Eier, auf einem Teller verquirlt
1 Teller Semmelbrösel
1 Teller Mehl
Öl zum Braten

für den Frischegeschmack
2 aromatische Tomaten
1 Zitrone, unbehandelt

So geht das:

der Salat
1. Die Kartoffeln waschen, 20 Min. kochen und abkühlen lassen.
2. Anschließend pellen und in eine Schüssel in dünne Scheiben schneiden.
3. Die Zwiebel würfeln und mit in die Schüssel geben.
4. Aus Salz, Pfeffer, Öl und Essig eine Marinade rühren und über die Kartoffeln gießen.
5. Nachdem die Kartoffeln vorsichtig durchgerührt wurden, die heiße Brühe rübergeben und alles abgedeckt ziehen lassen.

die Schnitzel
6. Die Fleischscheiben waschen, trockentupfen und mit Salz und Pfeffer würzen.
7. Anschließend die Pfanne mit reichlich Öl heiß werden lassen (Temperaturprobe machen - siehe 1. Seite - Gut zu wissen).
8. Die Schnitzel nacheinander 1. in Mehl, 2. in Ei, 3. in Semmelbrösel wälzen und 4. in das heiße Öl geben. Sofort die Pfanne schnell hin- und herschwenken. So entstehen die schönen Wellen und das Schnitzel backt nicht an. Dann mit der Temperatur etwas runter.
9. Ist die erste Seite goldbraun, dann wenden und wieder schwenken.
10. Die Schnitzel von jeder Seite ca. 3-5 Min. braten, dann auf Küchenkrepp abtupfen und beiseite stellen bis alle 4 Schnitzel fertig sind.
11. Salat, Tomatenscheiben und Schnitzel mit einer Zitronenscheibe anrichten und servieren.

Schnitzel-Witze

„Herr Ober, seit einer Stunde versuche ich, dieses zähe Schnitzel zu schneiden!"
„Nur keine Eile, mein Herr, unser Restaurant schließt ja erst um 1 Uhr."

Gast: „Das Schnitzel schmeckt wie ein alter Hauslatschen, den man mit Zwiebeln eingerieben hat!"
Ober: „Wow! Was Sie schon alles gegessen haben!"

Blumenkohlauflauf

- das ist für 2 gute Esser

- Zubereitungszeit: auf alle Fälle 30 Minuten

Kellner-Witz

„Herr Ober, was machen die vielen Leute plötzlich an meinem Tisch?"
„Na, sie hatten doch einen Auflauf bestellt!"

Das brauchst Du:

1/2 Blumenkohl, schön fest und weiß
4-5 große, festkochende Kartoffeln
1 kleine Pckg Kochschinken, klein gewürfelt
1 kleiner Beutel geriebener Käse
1 Ei
1 Becher süße Sahne (250 ml)
1 Zwiebel, in kleine Würfel geschnitten
    oder 1 Handvoll kleingeschnittener Lauch
Salz, Pfeffer, Muskat

So geht das:

1. Den Blumenkohl putzen und in Röschen zerteilen.
2. Die Kartoffeln schälen und in passend große Würfel schneiden.
3. Beides im gleichen Topf in Salzwasser bissfest garen (ca. 15 Min).
4. Die Auflaufform mit etwas Butter ausreiben.
5. Blumenkohl und Kartoffeln gleichmäßig vermischt in die Form geben.
6. Das Ganze salzen, pfeffern und mit Muskat bestreuen.
7. Nun den Schinken und die Zwiebelwürfel darüber verteilen.
8. Das Ei mit der Sahne verrühren und über die Masse geben.
9. Alles mit dem Käse bedecken und ca. 25 Min. bei 200°C backen.

Jungsvariante:

1 Pckg Hackfleisch, gemischt - ca. 300-500 g - krümelig
mit einem Bratgewürz anbraten und als Zwischenlage
unter den Schinken geben.

Backofen auf 200°C
Ober- und Unterhitze vorheizen

Gefüllte Paprikaschoten

- 4 Paprikaschoten - 4 Leute

- mit Vorbereitung: ca. 1 Stunde

Zutatenliste:

4 Paprikaschoten: rot = süß und fruchtig
                  gelb/orange = fruchtig
                  grün = herb
500 g gemischtes Hackfleisch
Universalgewürz, Paprikapulver
1 große Zwiebel, in Würfelchen
1 Ei
Semmelbrösel
Ketschup
Öl zum Braten

1 kleingewürfelte Zwiebel
1 l heiße Gemüsebrühe
Soßenbinder
1 Pckg Reis

Paprikawitz

„Diese Paprika schmeckt ja scheußlich!", beschwert sich Thomas. „Hast du sie denn nicht richtig gewaschen?" „Doch, doch, sogar mit Spülmittel ..."

Bleibt vom Hackfleisch was übrig, macht man Buletten davon.

Während die Schoten garen, den Reis nach Packungsanleitung zubereiten und warmhalten.

Zubereitung:

1. Von den Paprikaschoten den Deckel abschneiden, den Stiel herausschneiden und den Deckel aufheben. Alle Kerne entfernen und die Schoten waschen.
2. Aus dem Hack, den Gewürzen, den Zwiebelwürfeln, dem aufgeschlagenen Ei, den Semmelbrösel und dem Ketschup eine schöne Teigmasse kneten.
   Apropos Gewürz: Ruhig kräftig würzen, da beim Garen Geschmack verlorengeht.
3. Den Teig vorsichtig in die Schoten eindrücken.
4. Den Deckel oben aufsetzen und eventuell mit einem Zahnstocher fixieren.
5. Die Schoten ringsherum von allen Seiten vorsichtig anbraten.
   (Das ergibt einen schönen kräftigen Geschmack.)
6. In dem Bratensatz die Zwiebelwürfel anrösten und anschließend mit der heißen Gemüsebrühe ablöschen. Nun ca. 40 Min. garen lassen:
   - in Topf oder Pfanne abgedeckt auf mittlerer Garstufe oder
   - in einem Bräter im Backofen abgedeckt bei 180°C garen.
7. Die Schoten herausnehmen, abtropfen lassen und in einer Auflaufform im Ofen warmstellen.
   (Auf dem Foto wurde an dieser Stelle unter den Deckel der Paprikaschote eine Scheibe Käse getan und das Ganze wurde bei Oberhitze kurz überbacken.)
8. Nun die Flüssigkeit im Topf kräftig durchrühren, mit Soßenbinder eindicken und eventuell nachwürzen.
9. Die Schoten noch einmal in der Soße ziehen lassen.
   In der Zeit den Tisch decken und dann kann serviert werden.

Hauptgericht

Putenspieße auf Sommersalat

- das sind 2 Mädchenportionen

- Aufwand: viel Geschnippel und ein bisschen zu braten

Schnippelei für den Salat:
Alles, was man im Kühlschrank für einen
Salat findet - hier:
Kopfsalat oder Eisbergsalat
4 Radieschen
2 hartgekochte Eier
4 frische Champignons (roh)
Frühlingslauch
Salatgurke
4 Cocktailtomaten
Mais aus der Dose
oder noch:
1 Möhre geraspelt
Stangensellerie in dünne Scheiben geschnitten
Paprikaschote in dünne Streifen geschnippelt

Dressing:
1 kleiner Becher Naturjoghurt, Salz, Pfeffer, 1 Teel süßer Senf

Weiter: 1 Putenbrustfilet
        Universalgewürz
        Olivenöl

Tipp: Wenn man die Spieße vor dem Braten mit Mehl bestäubt, brennt das Fleisch nicht so schnell an und es trocknet nicht so schnell aus.

Los geht's:

1. Alle Zutaten für den Salat, soweit nötig, putzen, waschen und in kleine, übliche Salatinkredenzien verwandeln.
2. Das Dressing zubereiten, abschmecken und alle Salatzutaten kühlstellen.
3. Vom Putenbrustfilet schmale Scheiben in Längsrichtung schneiden, so dass feine Filetscheiben entstehen.
4. Die Filetscheiben würzen, mit Olivenöl einpinseln.
5. Das Fleisch auf einen Schaschlik- oder Fleischspieß aufspießen.
6. In eine Pfanne Olivenöl geben, anheizen und in dem nicht zu heißen Fett die Spieße kurz von beiden Seiten anbraten. (ca. 2 x 2 Min.)
7. Die fertigen Spieße auf einem großen Teller abgedeckt ziehen lassen.
8. Die Salatzutaten auf zwei Teller verteilen und das Dressing darübergeben.
9. Die Filetspieße auf den Salat legen und servieren.

Panierte Hähnchenschenkel

- für 2 Personen

- Zeit: braucht schon so 50 Minuten

Die Zutatenliste:

2 frische Hähnchenschenkel
Universalgewürz
etwas Mehl
1 Ei
Paniermehl
3 El Margarine/Butter
1 kleine Dose Ananas in Stücken
1 Apfel
1 Pckg Expressreis Spitzen-Langkorn
1 El Curry
1 El Öl

Ich würde es so machen:

1. Backofen auf 200°C vorheizen.
2. Die Hähnchenschenkel waschen, gut abtrocknen, würzen und panieren.
   Dazu die Schenkel in Mehl wälzen, gründlich in das Ei tauchen und
   anschließend von allen Seiten mit dem Paniermehl bestreuen.
3. Das Öl in eine Auflaufform oder beschichtete Pfanne geben.
   (Es dürfen keine Plasteteile dran sein.)
4. Die Hähnchenschenkel in die Form legen und in den Backofen stellen.
   Garzeit: 45 Min. - bei Ober- und Unterhitze - 200°C
5. Nach ca. 30 Min. die Schenkel einmal wenden.
6. In der Zwischenzeit den Apfel kleinschneiden und die Ananas durch
   ein Sieb abgießen.
   10 Min. bevor die Hähnchenschenkel fertig sind:
7. Das Obst in der Butter mit dem Curry andünsten, den Expressreis nach
   Anleitung garen und alles miteinander verrühren.
   Wer es nicht so trocken mag, gibt etwas Saft von der Ananas zum Reis
   oder findet eine Fertigsoße, die dazu passt.
8. Hähnchenschenkel und Reis auf die Teller portionieren und:

   Guten Appetit.

Kabeljaufilet, paniert

- ein Gericht für 2, die gern Fisch essen

- Zubereitung: ca. 35 Minuten

- Fisch nicht aufheben, aber
  das Gemüse kann man noch einmal
  aufwärmen z.B. mit Pasta

Das brauchst Du dazu:

2 Kabeljaufilets
2 El Mehl
1 verquirltes Ei   } zum Panieren
3 El Semmelmehl
1 rote Zwiebel
1 kleine, rote Paprika
1 kleine Zucchini
1 kleine Aubergine
Pflanzenöl, Olivenöl
Salz, Pfeffer
Kräuter der Provence TK
(Zitrone und Dill)

säuern =
mit Zitronensaft
beträufeln

So geht das:

1. Zunächst alle Zutaten für das Gemüse vorbereiten:
   waschen, putzen und in kleine Stücke schneiden.
2. Das Gemüse in Olivenöl in der Pfanne anbraten, salzen, pfeffern und
   bei mittlerer Hitze gardünsten.
3. Danach mit den Kräutern abschmecken und die gesamte Gemüsemenge
   zum Warmhalten in einen Topf umschichten.
4. Die Pfanne mit einem Küchenkrepp ausreiben zum Säubern.
   Nun zum Fisch:
5. Den frischen oder bei Zimmertemperatur aufgetauten Fisch:
             1.) säubern, 2.) säuern und 3.) salzen. (3-S-Regel)
6. Die Filets in Mehl wälzen, durch das Ei ziehen und im Semmelmehl wenden.
7. In die Pfanne etwas Pflanzenöl gießen, erhitzen und die Filets
   im heißen Öl anbraten. Den Fisch bei mittlerer Hitze von
   jeder Seite 3-4 Min. goldgelb braten.
8. Die Teller mit dem Gemüse und dem Fischfilet anrichten und
   mit Zitrone und Dill ausgarnieren.

Cordon bleu

- ein Rezept für 2 Personen

- Dauer: ca. 35 Minuten

Zutaten:

Das Wichtigste: 2 Scheiben Fleisch
Es ist egal, ob aus Schnitzelfleisch
oder Pute, aber es muss dickes Fleisch sein.
Vorteil beim Putenfilet oder Hähnchenfilet: Es ist schon dick.
Schnitzel würde ich an der Frischetheke holen und es auch schon einschneiden
lassen. Oder man kauft ein langes Schnitzel, klappt es einfach um und
steckt es nach dem Füllen mit Hölzchen fest.

Zahnstocher

Ansonsten:
2 Scheiben Kochschinken
2 Scheiben Schnittkäse (keinen fettarmen)
1 Teller Mehl
1 Ei, verquirlt auf einem Teller
1 Teller Paniermehl
Universalgewürz
Öl zum Braten

Dazu:
- Spinatspätzle aus dem Kühlregal
- Gemüsebeilage aus dem Gemüseregal

So machst Du es:

1. Die Beilagen nach Packungsanleitung garen und warmstellen.
2. Das Fleisch waschen, trocken tupfen, leicht klopfen, würzen.
3. In das Fleisch, soweit es geht, längs eine Tasche schneiden.
4. Mit dem Schinken den Käse umwickeln und beides in die Fleischtasche
   stecken. (Muss man ein bisschen probieren.)
5. Die Fleischtasche mit einem Hölzchen feststecken.
6. Das fertige Cordon bleu 1. in Mehl, 2. in Ei und 3. in Paniermehl wenden.
7. Die beiden Fleischstücke in eine Pfanne mit heißem Öl geben.
   Vorsicht, es darf nicht zu heiß sein, sonst läuft der Käse aus.
   Das Fleisch ca. 3-5 Min. von beiden Seiten goldgelb braten.
8. Die Cordon bleu herausnehmen und mit den Beilagen zusammen
   dekorativ auf den Tellern anrichten.

PS: Wer ein Soßen-Fan ist, kauft sich dazu eine passende Tomaten- oder
    Geflügelsoße. Dann haben die Spätzle was zum Tunken.

Cordon bleu-Witz

Der Gast fragt, was er bestellen kann.
Der Kellner: „Ich habe Rindsleber,
Kalbskopf und Hühnerbrust."
Der Gast: „Und ich habe Kopfweh,
Ohrensausen und Hühneraugen
und hätte aber gerne ein
Cordon bleu."

Putenrouladen, mediterran

- als leichte Mahlzeit für 4 Personen

- Zubereitungszeit: ca. 40 Minuten

Zutatenliste:
4 Putenschnitzel (dünn und groß)

Füllung:
250 g Blattspinat (TK) - beizeiten auftauen
2 kleine Zwiebeln, in kleine Würfel geschnitten
2 Knoblauchzehen, in ganz kleine Stücke gehackt
4 El Olivenöl
2 El Pinienkerne, feingehackt
Salz, Pfeffer, Zucker, Muskat
100 g Feta-Käse, in kleine Stücke geschnitten

Soße und Beilage:
1 El Tomatenmark
1 El in Öl eingelegte Oliven (geht auch mehr)
1 Dose stückige Tomaten
1/2 Tasse Gemüsebrühe
3 El Butter und Öl zum Braten
1 Pckg Bandnudeln (250 g)

Los geht's:
Zuerst die Füllung, dann die Rouladen, die Pasta und zum Schluss die Soße.

1. Die Hälfte der Zwiebelwürfel mit der Hälfte des Knoblauchs und den
   Pinienstücken in einer Pfanne mit Olivenöl kurz anschwitzen.
2. Dann den Spinat (ohne Wasserreste vom Auftauen) dazugeben und mit den
   Gewürzen abschmecken. Anschließend garen und abkühlen lassen.
3. Die Putenscheiben säubern, leicht klopfen, würzen und die Spinatmasse
   darauf verteilen. Obenauf die Fetastücke legen.
   Ein Ende der Putenscheiben nicht belegen, sonst quillt die Füllung raus.
4. Die Schnitzel mit dem vollen Ende beginnend aufrollen und am Schluss
   mit einem Holzspieß, einer Rouladennadel oder Zwirn verschließen.
5. Die Rouladen von allen Seiten in der Pfanne kurz anbraten.
6. Dann die restlichen Zwiebel- und Knoblauchwürfel, das Tomatenmark,
   die Olivenstücke, die stückigen Tomaten und die Gemüsebrühe zugeben.
   Alles verrühren und zugedeckt ca. 25-35 Min. unter gelegentlichem
   Wenden bei mittlerer Hitze garen.
7. Inzwischen die Bandnudeln nach Packungsanleitung bissfest garen. Nach dem
   Abgießen zum Warmhalten wieder in den Topf geben und einen Schuss Olivenöl
   unterrühren, damit die Nudeln nicht aneinander kleben.
8. Die Rouladen herausnehmen und warmstellen.
9. Die Soße abschmecken, eventuell pürieren oder binden,
   alles heiß anrichten und servieren.

Putenwitz

Zwei Puten unterhalten sich.
Fragt die eine die andere:
„Glaubst du eigentlich an ein
Leben nach Weihnachten?"

Hauptgericht
84

Pfannengyros mit Zaziki

- das reicht für 2 Personen

- braucht ca. 20 Minuten Zeit
  (ohne Vorbereitung des Zaziki)

Gyroswitz

„Wie schmeckt das Gyros?",
fragt die Ehefrau ihren Mann.
„Wieso?
Suchst du Streit?"

Das brauchst Du
für das Gyros:

300 g Schweineschnitzel
1 Zwiebel
1 Knoblauchzehe
Salz
75 ml Olivenöl
1/2 Teel scharfer Senf
gemahlener Pfeffer
Gyrosgewürz

Das wird Dein
leckeres Zaziki:

1 Becher Zaziki aus dem Supermarkt, 250-500 g
1 kleine Salatgurke
1 Knoblauchzehe
1 Stange Frühlingslauch,
   in kleine Ringe geschnitten
1 Pckg Feta, in kleine Würfel geschnitten
Salz, 1 Prise Zucker
weißer Pfeffer
1 EL Olivenöl

Zubereitung:

das Fleisch erstmal einlegen

1. Das Fleisch waschen, trockentupfen und in flache, gleich große Streifen schneiden.
2. Die Zwiebeln schälen und in Streifen schneiden (einige aufheben zum Garnieren). Das Fleisch mit den Zwiebelstreifen in eine Schüssel geben.
3. Den Knoblauch abziehen und mit der Knoblauchpresse in die Schüssel ausdrücken.
4. 4 El Olivenöl zugeben und alle Zutaten gut in der Schüssel verrühren. Dann die Schüssel erstmal beiseite stellen.

Damit die Marinade ins Fleisch einziehen kann.

das Zaziki zubereiten

5. Den fertigen Zaziki in eine zweite, große Schüssel geben.
6. Die Gurke gründlich abwaschen, längs vierteln und das Kerngehäuse entfernen.
7. Die Gurkenhälften mit einer Gemüsereibe grob in die Zazikischüssel raspeln.
8. Die Frühlingszwiebelringe und das Olivenöl in die Schüssel geben.
9. Den Knoblauch schälen und durch eine Knoblauchpresse zum Zaziki drücken.
10. Zum Schluss den kleingeschnittenen Feta unterheben und abschmecken. Den Zaziki zum Ziehen kühlstellen.

das Gyros braten

11. Das Gyros in einer heißen Pfanne mit dem Rest Öl ca. 15 Min. unter mehrmaligem Rühren braten. Vorsicht, dass es nicht verbrennt und nicht vertrocknet. Durch Kosten testen, ob das Fleisch durch ist.
12. Das heiße Gyros und den kühlen Zaziki zusammen servieren.

Kalí órexi!
(griechisch: Guten Appetit!)

Einkaufsliste:

Dazu passt auch:

- Ouzo
- Retsina
- Krautsalat
- Fladenbrot

Schokoladenpudding

- für 4 schöne Gläser

- Zeit: ungefähr 20 Minuten

Das brauchst Du:

1 Tüte Schokopuddingpulver für 1/2 l Milch
1/2 l Milch
Zucker nach Packungsanleitung
2 mittlere Bananen
einige Tropfen Zitrone

Für die Schlagsahne:
1 kleinen Becher Schlagsahne
1 Pckg Vanillezucker
1 Pckg Sahnesteif

Für das Foto wurde Sprühsahne verwendet. Sieht besser aus, aber selbstgemachte Schlagsahne schmeckt besser.

Eigentlich simpel:
das Obst
1. Bananen in Scheiben schneiden.
2. 4 Scheiben zur Dekoration mit Zitronensaft beträufeln und kühlstellen.
   Die restlichen Bananenscheiben in die Gläser verteilen.
   (Bleibt zu viel Banane übrig = aufessen!)
der Pudding
3. Den Pudding nach Packungsanleitung kochen und noch heiß über die Bananenscheiben im Glas gießen (muss für alle 4 Portionen gleichmäßig reichen).
4. Die Gläser abkühlen lassen. Wenn Zeit ist: In den Kühlschrank stellen.
5. Vor dem Servieren die Bananenscheiben vorsichtig auf den Glasrand schieben.
die Sahne
6. Die Sahne in eine eiskalte Schüssel geben und 1 Min. mit dem Rührgerät
   auf höchster Stufe schlagen.
7. Dann den Vanillezucker und den Sahnesteif dazu und die Sahne solange
   rühren (schlagen) bis sie steif ist. (Versuche die Schüssel mal auf den
   Kopf zu drehen. - Und? Bleibt sie da, wo sie ist, ist sie perfekt.)
8. Einen kleinen Klecks oder großen Berg Sahne auf den Pudding geben.

Aber man kann den Pudding auch verfeinern:
1. mit Kaffeepulver
2. und/oder mit Zimt
3. mit Rum-Aroma
Oder mit anderem Obst:
1. mit Sauerkirschen und Minze - dazu passt auch Minzschokolade
2. mit Mango: Einen Teil gibt man als Fruchtstücke unter den Pudding und
   einen Teil als Mus zwischen Pudding und Sahne.

Smoothies

- für 2 Portionen gedacht,
  aber man kann's ja auch doppeln

- Zeit: 5-15 Minuten je Rezept

„Erdbeertraum"

1/2 Ananas
2 Bananen
200 g Erdbeeren

Die Ananas halbieren und eine Hälfte in Frischhaltefolie in den Kühlschrank
zurücklegen. Die zweite Hälfte der Ananas noch einmal halbieren und
die Krone, das Ende, den Strunk und die Schale entfernen.
Die Erdbeeren putzen und waschen, die Banane schälen.
Alles Obst in Stücke schneiden und im Mixer pürieren.

„Exotiktraum"

1 Mango
1/2 Ananas
250 g weiße Trauben, kernlos
1 Orange

Die Mango schälen, den Kern entfernen und die Frucht in Stücke schneiden.
Das Fruchtfleisch der halben Ananas mixergerecht zerkleinern.
Die Trauben waschen, die Orange halbieren und auspressen.
Alle Zutaten im Mixer zu einem frischen Saft pürieren.

„Roter Smoothie"

300 g Himbeeren
300 g blaue Trauben - ohne Kerne

Himbeeren und Trauben waschen. Im Mixer pürieren.

Ist das Obst zu warm,
kann man auch Crash-Ice mit in den Mixer geben.

Für die Abwechslung:
Man kann zum Obst auch Trinkjoghurt oder
Molke dazugeben.

Vanille-Quark-Creme

- für 6 Naschkatzen

- Zubereitungszeit:
  ca. 25 Minuten, ohne Abkühlzeit

Das brauchst Du:

1 Vanilleschote
1/2 l Milch
1 Prise Salz
1 Pckg Vanillepuddingpulver
2 gehäufte El Zucker
250 g Quark
4 El süße Sahne
1 Tütchen Vanillezucker

Was Du drauf machen kannst:

- Erdbeeren, Kirschen oder Mandarinen
- gehackte Pistazien oder Mandelblätter

So geht's:

Zuerst: Die Vanilleschote mit einem scharfen Messer der Länge nach halbieren und das schwarze Mark mit der Klinge auskratzen.

1. Das Puddingpulver nach Packungsanleitung in einem Teil der kalten Milch anrühren.
2. Die restliche Milch zusammen mit einer Prise Salz und dem Mark der Vanilleschote in einem Topf aufkochen.
3. Die aufgekochte Milch vom Herd nehmen und die Puddingmischung nach Packungsanleitung zubereiten.
4. Dann den Quark mit der Sahne und dem Vanillezucker cremig rühren.
5. Den abgekühlten Pudding mit einem großen Löffel unter die Quarkmischung heben.
6. Die fertige Creme in 6 Dessertgläser verteilen und ca. 20 Min. kühlstellen.
7. Mit Obst, Pistazien oder Mandeln garniert, servieren.

Achtung! Kann ganz schnell gehen!

Puddingwitz

Eine ältere Dame steht vor dem Kühlregal im Supermark und öffnet nacheinander die Pudding-Becher. Ein Mitarbeiter entsetzt: „Wieso öffnen Sie denn die Becher?" – „Na, weil draufsteht. HIER öffnen."

Kaiserschmarrn

- reicht für 6 Leckermäuler

- ist in 40 Minuten fertig

- einige Tage abgedeckt im Kühlschrank haltbar

Franz: „So a Schmarrn!"
Sissi: „Ja, Kaiserschmarrn."

Zutaten:

240 g Mehl
1/2 l Milch
6 Eier getrennt nach Eigelb und Eiweiß
1 Pckg Vanillezucker
3 El weiche Butter
100 g Zucker
1 Handvoll Rosinen
Salz
Öl für die Pfanne
Puderzucker

Rezept:

1. In einer Schüssel das Mehl und die Milch mit einem Schneebesen
   zusammenrühren, bis eine glatte Masse entstanden ist.
2. Darin die Eigelbe, den Zucker, den Vanillezucker, die weiche Butter und
   eine Prise Salz nacheinander einrühren.
3. In einer zweiten, sauberen, fettfreien Schüssel die Eiweiße mit einer
   kleinen Prise Salz steif schlagen und dann
4. esslöffelweise unter den Teig in der ersten Schüssel heben.
5. Zum Schluss die Rosinen in den Teig geben.
6. In einer beschichteten Pfanne etwas Öl erhitzen und den Teig in
   die Pfanne gießen. Nicht auf höchster Stufe, sonst verbrennt der Teig.
7. Zuerst von der einen Seite etwas anbräunen lassen, dann wenden und wenn
   der Teig zu stocken beginnt, mit einem Holzlöffel den Schmarrn in
   mundgerechte Stücke teilen. Vorsicht - nicht zu fest werden lassen.
8. Den Schmarrn aus der Pfanne auf einen vorgewärmten Teller geben,
   alles mit Puderzucker bestreuen und servieren.

Hinweis:
Wem die Masse an Teig zuviel
erscheint, der stellt seinen
Kaiserschmarrn in mehreren
Durchgängen her. Der bereits
fertige Schmarrn wird in der
Backröhre warm gehalten.

Und dazu:
Apfelmus oder
Apfelkompott mit Rumrosinen!!!

Erdbeerdessert

- lecker für 4 Personen

- ist in 10 Minuten fertig

Zutaten:

500 g Quark mit 20% Fett
300 g Naturjoghurt
100 g süße Sahne
500 g Erbeeren
1 Pckg Vanillezucker

So einfach geht das:

1. Die Erdbeeren mit kaltem Wasser abbrausen und abtupfen.
   Die Blätter und die Stielansätze entfernen.
   Einige Erdbeeren zur späteren Garnitur beiseite legen
   und den Rest in mundgerechte Stücke schneiden.
2. Quark, Joghurt und Sahne in eine Schüssel geben und gut mit
   dem Schneebesen verrühren.
3. Den Vanillezucker in die Masse einrühren.
4. Nun die geschnittenen Erdbeerstücke vorsichtig unterheben.
5. Die Quarkmasse in Dessertgläser verteilen
   und mit den beiseite gelegten Erdbeeren garnieren.

Tipp:

Du magst keine Erdbeeren?
Dann probiere das Rezept mit Himbeeren,
Johannisbeeren oder Mango aus.
Alles sehr lecker!

„Na, Du Süße!"
„Na, Du Früchtchen!"